„*Evolution eines Schmetterlings*"

„Еволюція метелика"

von Julia Marushko

Meine Gedichte sind die Diener der Zeit. Meine Geschichten Erzählungen von Freunden. Meine Bilder Dokumente der Gegenwart.

Мої вірші – щоденники часу. Мої історії – розповіді друзів. Мої малюнки – хроніка сучасності.

Geburtstag

Übersetzung: Nelly Heyer

Dunkelblau ist meine Farbe
Farbe des schwarzen Meeres
Braun ist meine Farbe
Farbe der Karpaten
Ein Trauertag ist mein Geburtstag
oder der Wiedergeburt
20.02.2014
war der blutigste Tag seit Beginn
der Proteste in Kiew.

Gedichte und Texte von Julia Marushko

день народження

мій колір тепер синій
моря Чорного відгук
мій колір тепер коричневий
Карпат далеких підніжжя
мій день народження день трауру
та воскресіння Я
20.02.14.
20 лютого був найкровавіший день з
початку протестів у Києві.

Berkut
Übersetzung: Anastasia Mosevych

Ich habe endlich einen Berkut gemalt,
keinen Adler, der in der Höhe fliegt,
sondern einen Unmenschen,
ich habe endlich den gemalt,
der Frauen und Kinder schlug,
am 30. November, 11. Dezember und danach
Helm statt Kopf trug,
sein Herz – mit eisernem Schild bedeckt,
In den Händen – Schlagstöcke und der Blödheit
Bündel,
Berkut – die Sondereinheit des Innenministeri-
ums der Ukraine,
Ich habe endlich einen Berkut gemalt,
keinen Adler, der hoch fliegt,
sondern einen Unmenschen

беркут

я нарешті намалювала беркута
не орла що високо літає а нелюда
я нарешті намалювала того
хто бив жінок і дітей
30 листопада 11 грудня і після того
замість голови каска
на серці залізний щит
в руках палиці і тупості в'язка
беркут найбільший орел володар
столітніх гір
беркут спецпідрозділ мвс України
волі інвалід
я нарешті намалювала беркута
не орла що високо літає нелюда

An die Mutter eines getöteten auf dem Maidan
Übersetzung: Anastasia Mosevych

Guten Tag, liebe Frau. Die Mutter vom getöteten Sohn. Du hast ein Kind zur Welt gebracht. Er wurde in der Erde als Held vergraben. Was bedeutet es für dich, Mutter? Wüste und Schmerz. Unglaublicher Verlust. Was bedeutet es für mich? Vorbild und Heldentat. Es klingt unbegreiflich. Wir haben gestern ukrainische Lieder gesungen. In Hamburg. Danach – im Konsulat. Dann – einfach vor uns hin. Jeder an seiner Stelle. Wofür haben wir uns versammelt? Für die Ukraine. Für den ermordeten Bruder und Vater. Für das Wort. Für die Wahrheit. Für den Mut. Für deinen Sohn.

Wenn du groß wirst, mein Sohn, wirst du dich auf den Weg machen, mit dir werden eingeschlafene Sorgen wachsen. Symonenko hat geschrieben, wir haben es vorgesungen, und vor den Augen standen getötete Leute vom Maidan. Man kann alles auf der Welt auswählen, mein Sohn, doch nicht die Heimat. In den Händen –Pflastersteine statt Waffen. Das Geschoß, dass tief ins Herz trifft. Der Körper ist vergraben. Der Geist lebt weiter. Das Lied klingt. Die Ukraine lebt.

Liebe Frau! Die Mutter des getöteten Sohnes. Du hast ein Kind zur Welt gebracht. Er wurde in der Erde als Held vergraben. Ich möchte, dass Du weißt: das Lied bleibt in der Luft klingen. Nach einem großen Verlust erscheint das Licht.

Verlass die Mutter nicht, schrieb Schewtschenko. Dein Sohn konnte aber nicht anders.

Man muss es wissen.

Gedichte und Texte von Julia Marushko

Мамі вбитого на Майдані

Доброго дня, жінко. Мама вбитого сина. Ти народила дитину. В землю зарили героя. Що значить це для тебе, мати? Пустка і біль. Неймовірна втрата. Що значить це для мене? Приклад і подвиг. Звучить незбагненно.

Ми вчора співали пісні українські. В Гамбурзі. Потім в Консульстві. Потім про себе. Кожен на місці. Ми всі згуртувалися в пориві одному. За Україну. За брата і батька полеглих. За слово. За правду. За мужність. За сина твого.

Виростеш ти, сину, вирушиш в дорогу,
Виростуть з тобою приспані тривоги.

Симоненко писав, ми співали, а перед очима вбиті майданівці стояли.

Можна все на світі вибирати, сину,
Вибрати не можна тільки Батьківщину.

Ах, лента за лентою набої подавай…

Замість набоїв - бруківка з одного боку. З іншого - знаєш сама. Куля, що влучає просто в серце. Глибоко.

Тіло закопане. Дух живе. Пісня лунає. Україна є.

Люба моя жінко. Мама вбитого сина. Ти народила дитину. В землю зарили героя. Я хочу щоб ти знала, пісня лунає. Світло після важкої втрати далеко сяє.

Мама вбитого сина, „Пливе кача" ми так і не змогли заспівати.

17
Übersetzung: Nelly Heyer

17 ist meine Lieblingszahl
waren
Die schönen Sonnenblumen auf den Feldern der
Ukraine
waren
Die Ähren, die Freude der Augen
war
Eine Rakete ein alter Staubsauger
war
Haut ab
ihr, die schuldig
sind
Ruhe in Frieden
die
die am 17. Juli
waren
(gewidmet den Opfern des Fluges MH 17)

17

моє улюблене число
було
соняхи прикраса полів України
були
пшениця радість ока
була
ракета старий пилесос
був
йдіть геть
ті хто причетні
є
спочивайте з миром
ті хто 17 липня
були
(в пам'ять загиблих у літаку МН 17)

Du und ich

Übersetzung: Nelly Heyer

Du und ich
zwischen uns herrscht Krieg
Streue die Asche dieses historischen Tages
und der Predigten über mir aus
über Gogol
Still ist die ukrainische Nacht
Aber die Waffen müssen versteckt werden
Du und ich
zwischen uns herrscht Krieg
Warum
Ich sehe zu uns auf
zwischen uns herrscht Krieg
Wir halten einander fest
Du und ich

ти і я

між нами війна
вій на навій на мене пороху з
дна історій і проповідей
вій Гоголя
„Тиха украінская ночь
но зброю надо перепрятать"
ти і я
між нами вій на
на віщо
віщу я на нас на між
між нами війна
тримаймося разом
ти і я

Sieh es ein
Übersetzung: AljOshA

Ich schoss auf einen Menschen, heute Nacht.
Stell dir das vor! Wer könnte es begreifen?
Es war kein Traum, du brauchst mich nicht zu kneifen:
Ich schoss auf einen Menschen, ich war wach.
Wenn ich nicht schösse, schösse er auf mich.
Auch ich bin Mensch, das Leben ist zerbrechlich,
So geht die Logik, sie ist unbestechlich:
Die Menschen töten, Menschen töte ich.
Ich schoss auf einen Menschen, glaube mir.
Erkennst du es? Wir sind verdammt zu schießen.
Noch gestern sahen wir die Blumen sprießen
Und heute nimmt man Menschen ins Visier.
Wie kommt es, dass ich noch am Leben bin?
Ich lebe noch… Kannst du es auch empfinden?
Ist denn kein Krieg, wenn wir ins Sterben sprinten?
Ich starb nicht in der Nacht. Siehst du den Sinn?
Wie kann ich jemals wieder schuldlos sein?
Ich töte Menschen, kannst du es verstehen?
Der stumme Marsch der Toten bleibt nicht stehen,
Der Krieg ist nicht zu Ende, sieh es ein!

Gedichte und Texte von Julia Marushko

уяви

ти тільки на секунду уяви
цієї ночі я стріляв бо
як не я то мене
уяви
я вбиваю людей
людей вбиваю я
ти тільки за секунду усвідом
дурдом війни
я не спав уночі я стріляв уяви
дружино моя
в грузі 300-вояки. Земляки.
Як? Не знаєш що це
це війна уяви
а груз 200 вже в дорозі
мене в ньому не жди
ти тільки на секунду уяви
цієї ночі я стріляв
бо без уяви
на війні ні
я вбиваю людей
людей вбиваю я
уяви

Chrysanthemen

Übersetzung: AljOshA

Blumen, die mir die Hände lähmen
Und ich könnte die Erde umkrallen
Uns're Kinder sind Chrysanthemen
Ganz umsonst für den Krieg gefallen
Brüder, Geliebte, Männer…
Blumen mit Blut übergossen
Gelb ist die Farbe der Trennung
Gelb ist mein Garten zersprossen
Gelb ist die Farbe vom Leben
Es wird kalt. Zeit, um Abschied zu nehmen
Siegen! Oder dem Tod ergeben?
Der September verschenkt Chrysanthemen
Gelbe Blumen, zum Sterben erkoren
Ich bereit' euch ein Grab in der Erde
Wie die Kinder seid ihr ungeboren
Die im nächsten Krieg fallen werden

хризантеми

я несу на руках квіти
і готова рити землю
хризантеми то наші діти
загинувші на війні даремно
жовтий то колір розлуки
весь мій сад тепер
жовте поле
тато брат син чоловік і онуки
АТО з хризантем политих кров'ю
жовтий колір то колір сонця
холодає наступає час злуки
перемога чи здача дракону
Михаїл готує букет хризантем
вже певно
я готова рити землю
і кладу у неї квіти
хризантеми – ненароджені діти
які загинуть у новій війні
напевно

Das Kind

Übersetzung: Nelly Heyer

Das Kind läuft zur Tür
Es wartet
auf Papa, den Soldaten
Das Kind läuft
Die Türen sind dort
Papa wird noch ein Jahr
Soldat bleiben
Er ist Soldat nicht Papa
Warte
Das Kind läuft
Wer kann es
in den Arm nehmen
Die Türen sind hier
Das Kind lernt
nicht zu warten
Aus deinem Papa
hat man einen Soldaten
gemacht
Warte nur
Die Türen sind dort
Das Kind läuft
zur Tür
Wartet
auf Papa, den Soldaten
Die Türen sind dort

дитина

дитина біжить до дверей
все чекає
тата солдата
дитина біжить
двері там
тато буде ще рік солдатом
солдат це не тато
чекай
дитина біжить
хто буде на руки її брати
двері тут
дитино навчись
не чекати
бо і з твого тата зробили
солдата
чекай двері там
дитина біжить до дверей
все чекає
тата солдата
дитина біжить
двері там

Evolution eines Schmetterlings
Übersetzung: Nelly Heyer

Es war einmal ein kleines Würmchen. Es war
ein Würmchen, seine Mutter war ein Würmchen
und sein Vater war ebenso ein Würmchen. Die
Eltern der Mutter und des Vaters waren Würmer, und auch die Eltern der Großeltern waren
Würmer. Sie alle konnten hervorragend in dem
Dreck der Erde kriechen und sich davor ängsti-
gen, dass der Fuß eines Menschen sie eines Tages
zertritt.
Eines Tages streckte sich der Freund des Würmchens hervor und fragte: „Was machst du da?",
„Warum hast du das gemacht?" fragte das
Würmchen erschrocken, „Du könntest zertreten
werden!" „Aber ich könnte auch nicht zertreten
werden!" antwortete da der Freund und kehrte
in die für Würmer gewohnte Position zurück
- mit dem Bäuchlein zur Erde. Die Worte des
Freundes zwangen das Würmchen zum Nach-
denken. Und obwohl dies nicht in der Natur
des Würmchens lag - an diesem Abend dachte
es nach und dachte und dachte bis es einschlief.
Und es träumte, dass es Tag und Nacht über ihn
hernieder regnete und dass die Füße der Menschen ihn von allen Seiten traten. Und es träumte, dass die anderen Würmer sein Verschwinden
nicht bemerkten, aber ihm war wohl und warm
zumute. „Steh auf, es ist Zeit," rief eine ihm

Gedichte und Texte von Julia Marushko

Казка „Еволюція метелика“

Жив собі хробачок.

Він був хробачком, його мама була хробачком і тато його теж був хробачком. А батьки мами і тата, дідусь і бабуся хробачка, теж були хробаками. Всі вони могли досхочу плодитися в багнюці і боятися лише одного - що їх може розтоптати нога людини.

І от якось друг хробачка випростався.

- Що ти робиш? - перелякано запитав хробачок. Навіщо ти це зробив? Тебе ж можуть розчавити!!!

- А можуть і не розчавити! - відповів друг і повернувся в звичний для хробаків стан - животиком до землі.

Слова товариша не на жарт зачепили його. І хоча хробакам не властиво думати, того вечора він думав - думав – думав – поки не заснув.

І наснилося хробачку, що дощ поливає його днями і ночами, що ноги людей розчавлюють його вздовж і впоперек. Що інші хробачки не помічають його зникнення, а йому так тепло і мило при цьому.

- Прокидайся, час настав, - знайомий голос розбудив малюка.

Дивне відчуття охопило його тіло. Він не бачив друга, але чув його голос. Він лунав звідкись згори.

- Аж ось де ти ховаєшся, де радісно...

Хробачок збагнув, що він говорить крилами.

- Час настав, - відповів крилами друг.

wohlbekannte Stimme. Ein seltsames Gefühl
durchfuhr seinen Körper. Es konnte den Freund
nicht sehen, zu dem diese Stimme gehören
mochte. Es wusste nur, dass sie von oben kam.
„Hier versteckst du dich also so voller Freude,"
sagte das Würmchen und bemerkte, dass es Flügelchen hatte. „Die Zeit ist reif," antwortete sein
Freund, der ebenfalls Flügelchen hatte. „Und
für sie?" fragte das Würmchen und zeigte hin-
unter auf die anderen Würmchen. „Mit Zwang
wirst du nicht zum Schmetterling." „Aber das
ist doch die Evolution?" „Die Zeit zeigt, dass das
Königreich denjenigen Würmchen zusteht, die
lange Zeit schweigen," antwortete der sich mit
Schmetterlingen gut auskennende Freund. „Aber
sie geben sich so viel Mühe, Würmer zu sein. Für
wen? Für wen?" „Gute Frage. Gegen sich selbst."
„Und was ist mit dir?" fragte der neue Schmetterling, „Wie soll ich ihnen das nur sagen, wenn
die Ohren und die Zunge keine Flügel kennen?"
„Mit Blumen," antwortete der Freund. „Mit
welchen?" „Mit verwelkten," antwortete der mit
den Flügeln in der Luft flatternde Schmetterling. „Und mit Bäumen." „Mit welchen?" „Mit
vertrockneten." „Aber warum denn mit toten
Dingen? Sie können doch genau wie ich fliegen.
Jetzt will ich ihnen zeigen, wie schön das ist!"
„Du kannst zeigen, dass im Tod das Potenzial
zur Wiedergeburt liegt. Und dass die Zeit ge-
kommen ist. Die Wiedergeburt vollzieht sich

- А для них? - опустив хробачок крила, показуючи вниз.

- Силоміць метеликом не станеш.

- Але це ж еволюція?

- Час показав - королівство переповнене хробаками, - після довгої мовчанки відповів перетворений у метелика друг.

- Але ж вони так намагаються бути такими... Для кого?

- Правильна відповідь - проти себе.

- А ти? А ти? Запитував, перетворюючись у метелика, хробачок. Як мені донести їм, якщо їхні вуха мову крил не знають?

- Через квіти, - відповів друг.

- Які?

- Зіпсовані.

Затріпотівши крильцями в повітрі, друг метелик додав:

- Через дерева.

- Які? - поцікавився хробачок.

- Засохлі.

- Чому через все мертве? Вони всі, як і я, можуть літати! Я тепер хочу гарно їм це показати!

- Ти можеш показати, що у відмиранні є можливість відновлюватися. І час настав. Відродження триває. Але зараз час сушити хробаків, - сказав друг метелик.

- Як?

- На сонці!

- А крилами своїми можна? - запитав новонароджений метелик.

- Так, але тоді ти можеш швидко все знову

immer weiter. Aber bisher trocknet die Zeit die Würmer nur." „Wie?" „In der Sonne." „Und kann ich die Flügel zeigen?" fragte der neugeborene Schmetterling. „Ja. Aber dann könntest du alles wieder vergessen." „Was vergessen?" „Dass der Weg vom Wurm zum Schmettering sich ebenso schnell vollziehen kann wie der Weg vom Schmetterling zum Wurm." „Aber..." „Schau, solange die Schmetterlinge verletze Flügel haben, feiern die Würmer ihr Königreich und vermehren sich." „Ist das gut?" „Das ist im Sommer." „Und dann?" „Der Herbst wird es zeigen." „Was?" „Wer welche Ernte erntet." „Ich will schlafen," sagte der kleine Schmetterling müde. „Für Schmetterlinge bedeutet dies zu sterben." „Was heißt das?" „Das heißt Leben! Bis zum nächsten Treffen als neue Larve." „Neu?" „Du hattest noch keine Gelegenheit deine Blumen zu sammeln." „Und wann habe ich sie?" „Wenn die Verwandten nicht anhand der Larve die Zukunft des Würmchens erraten können! Es war einmal ein Würmchen oder ein Schmetterling, wer genau, konnte man nicht sagen. Man musste es abwarten..."

Gedichte und Texte von Julia Marushko

забути.

- Що? - невщухав малюк.

- Що дорога з хробака в метелика така ж швидка, як і дорога з метелика в хробака.

- Але...

- Дивися, хробаки святкують в королівстві. Поки метелики лікують поранені крила, хробаки плодять личинки.

- То до добра? - запитав метелик.

- То до літа.

- А далі?

- Осінь покаже.

- Що?

- Хто який гербарій буде збирати.

- Я хочу спати, - втомлено сказав маленький метелик.

- Метеликам це означає вмирати, - відповів друг.

- Тобто?

- Тобто, жити!

- До зустрічі у новій личинці!

- Знову?

- Свої квіти тобі ще не вдалося назбирати.

-А коли вдасться?

- Коли родичі не зможуть по личинках майбутнє хробачків вгадати!

Жив собі... Далі хто – хробак чи метелик - маємо чекати.

„Майдан в одній європейській столиці може призвезти до Майдану за океаном".

Mit vielem Dank an:
Anastasia Mosevych
Nelly Heyer
AljOshA
Iryna Kunynets
Till Andreas Dunkel
ohne Euch wäre das Buch nicht entstanden.
Und mit Dank an alle die an Freiheit und
Menschenrechte glauben.

www.ingramcontent.com/pod-product-compliance
Lightning Source LLC
Chambersburg PA
CBHW070342190526
45169CB00005B/2009